# Del Garaje al, 1er MILLÓN

**SIN INGLÉS**
**SIN ESTATUS**
SIN EXCUSAS

## Nora Angeles

# Del Garaje al, 1er MILLÓN

**SIN INGLÉS**
**SIN ESTATUS**
SIN EXCUSAS

ImagiLab

# Del Garaje al 1.er Millón

**Fotografía y diseño de portada:**  Johan Canelo

**Publicado por:**

ImagiLab

www.theimagilab.com
theimagilab@gmail.com
+1 702 5595156
Estados Unidos de América

*Hasta el cielo con todo mi amor Papá, abuelo
Petronilo y Bisabuelo Felipe Ángeles.*

# Agradecimientos

Primero agradezco infinitamente a Dios la oportunidad de haber podido llegar hasta aquí siempre de su mano.

Mamá esto jamás hubiera sido posible sin todas tus enseñanzas. La distancia es mucha, pero el aprendizaje que me diste fue más. Te amo.

Gracias a todas las mujeres de mi clan y a todos mis ancestros, tomo toda su fuerza, energía y sabiduría para continuar. Este éxito es de todos ustedes. Trabajaron para él.

¡Gracias, gracias, gracias!

Tete, Pao, Lalo, Emilio y sobre todo tú, querido primo, gracias por la aportación en su momento a Natural Break. ¡Gracias con todo mi corazón!

Gracias a cada uno de mis maestros de vida, han sido grandes guías y me han inspirado a seguir adelante, cada uno fue pieza clave para lo que soy hoy.

Noe, sin tu ausencia esto no sería como lo es. Todo es perfecto, aunque no se entienda.

Siempre estás en mi corazón.

Fernanda, gracias por estar siempre a mi lado. Por haberme llenado de valor para salir adelante.

Se que no es nada fácil ser mi hija, pero lo haces muy bien.

No la tuviste nada fácil, aunque parezca que sí, y siempre tuviste palabras de aliento para mí.

Esto es tan tuyo como mío.

Te amo con todo mi ser.

# Índice

# Prólogo de Zulem Colin

Nora, la gurú de los negocios, así es como yo la bauticé, porque vi en ella a una mujer inteligente, estratega, visionaria y con mucho carácter.

Lo que más admiro de ella es su mentalidad de ganar, su calidad humana y ese fuego que la lleva a tomar acción y pagar el precio que sea con tal de alcanzar sus metas. Cuando conocí a Nora, tenía muy claro hacia dónde quería ir, solamente estaba buscando el camino de cómo hacerlo.

Nora Ángeles pagó el precio de la sanación, y no fue un camino fácil para ella, de hecho, puedo decir que ha sido uno de los caminos más difíciles que ha recorrido; la vi llorar, la vi arrepentida de acciones del pasado, la vi con la decisión de corregir todo lo que se pudiera corregir; fue impresionante cómo tomó fuerza, y ahí es cuando ella reconoció que es un ser hermoso; recuerdo haberle dicho: "NORA, es momento de que veas tu luz, es mucho más grande de lo que te imaginas, con tus dones de liderazgo puedes cambiarle el destino a tantas mujeres que están esperando una GURÚ como tú, que les ayude a creer en sí mismas".

NORA es Amor.

NORA es expansión.

NORA es tribu.

Nora es una latina con mucha sangre americana; firme, con coraje, valiente y consciente. Nora no para de estudiar, y cada día ella pule a la mujer extraordinaria que sí es.

Deseo con todo mi corazón que la historia y las recomendaciones de esta bella Autora te inspiren a decir, YO TAMBIÉN PUEDO, se puede llegar al millón de dólares.

**Zulem Colin**

*Guía de Conciencia*

# Prólogo de
# Claudia P. Allison

Al conocer la historia de esta gran mujer empresaria, madre, líder, amiga y ser humano, te darás cuenta de que más allá de una transformación financiera, ocurrió una transformación profunda en su mentalidad. Disfrutarás la autenticidad con la que Nora comparte sus vivencias, ya que eso mismo la caracteriza y distingue.

Cualquiera fácilmente reconoce a Nora como alguien fuerte, decisiva y valiente. Sin embargo, he tenido el honor de conocer a la mujer completa, la mujer que realmente honra su nombre, Nora ÁNGELES; una mujer visionaria, noble y empática. Una mujer que es un ángel en su comunidad.

He sido testigo de todas las bendiciones que ella ha aportado; al abrazar su propia grandeza ha podido iluminar el camino de muchos. Mediante este libro, el deseo es también iluminar el tuyo con un mensaje claro de que la transformación mental, emocional, espiritual y financiera es posible y ¡también está disponible para ti!

Desde el garaje hasta el primer millón y más allá, estaré eternamente agradecida por la oportunidad de guiar, asesorar y acompañarla en este camino. ¡Deseamos que este libro te acompañe en el tuyo!

En amor total,

**Claudia P. Allison**

# Introducción

Hola, soy Nora Ángeles y en este libro voy a compartir 40 años de emprendimiento. A través de estas líneas me voy a dar la oportunidad de narrar una serie de buenos y otros no tan buenos momentos que me formaron y me han llevado hoy en día a convertirme en una empresaria exitosa, en pleno crecimiento y con ganas de más.

Desde muy pequeña me gustó el emprendimiento, siempre fui una persona que buscaba emprender. Ahora, cuando reflexiono, haciendo este libro, me doy cuenta de que ya lo traía en la sangre, porque vengo de una abuela inquieta, llena de vida, a quien, durante mi infancia, la vi coser y tejer vestidos para el "Niño Dios", que se vendían en diciembre.

Ver su constancia y entusiasmo era algo que me fascinaba. Ella iba al mercado y ponía su pequeño puesto a la orilla, en la parte de atrás. Eran unos puestos de 1.5 metros cuadrados, un espacio muy pequeño, donde cabía solo una mesa para colgar los vestidos. Recuerdo que yo agarraba el banco de las naranjas que se vendían en esa temporada y allí me sentaba a ayudar a vender. Atendía a la gente con todo el entusiasmo de una niña y disfrutaba de esa labor. Desde pequeña me gustó mucho estar en la vendimia.

Tengo una mamá que era sumamente emprendedora, pero no era consciente de eso. Ella se levantaba temprano, hacía gelatinas para vender, daba clases de cocina, producía diferentes cosas de macramé. Era dinámica y proactiva.

Tengo claro que la fuerza que me ha movido a convertirme en una persona emprendedora proviene de las enseñanzas profundas y el ejemplo que recibí en casa, a través de todas esas vivencias que tuve la bendición de experimentar en mis primeros años.

Mi madre y mi abuela eran muy buenas para producir las cosas y yo tenía el talento y entusiasmo para venderlas. ¡Éramos un gran equipo! Desde muy pequeña desarrollé la habilidad de intercambiar productos por dinero y creo que en estos 40 años, lo único que hice fue especializarme en ello. Este aprendizaje continuo y la perseverancia en mi labor, me llevó de ser vendedora para convertirme en emprendedora, y después, con el tiempo y la experiencia, pasar de emprendedora a empresaria.

En este libro encontrarás una gran cantidad de conceptos, acciones, ideas y experiencias, que para mí son el pilar fundamental del éxito el cual actualmente estoy disfrutando. Te invito a leerlos y tomes acción sobre tu vida, para que, así como yo, puedas alcanzar tus sueños y obtener los resultados que deseas. Te quiero enseñar el *"cómo Sí"*, más que el *"cómo No se puede"*.

# Capítulo 1

## Mi Infancia

Fui una niña común y corriente, podríamos decir; más corriente que común, porque vivía en un barrio bastante popular de México. Soy de León, Guanajuato. Mis abuelos, tanto paternos como maternos, también son de ese lugar. Vivieron en un barrio muy conocido en esta zona, llamado San Miguel. No es un barrio de altura, ni nada parecido, es un barrio de gente humilde y trabajadora, sin mayores lujos en su vida.

Crecí en ese barrio como cualquier niño, jugando al bote en la calle, pero con la inquietud siempre de las ventas. Observaba como mi abuelita se iba a vender los vestidos del "Niño dios" durante todo diciembre; para mí era la época más feliz del año. Creo que por eso las navidades son tan especiales para mí, porque tengo bonitos recuerdos, muy anclados en lo profundo de mi mente, pues más allá de una decoración lujosa o de los regalos (que obviamente si había en el árbol), era muy emocionante ir a vender.

Acompañaba a mi abuela a vender al mercado, porque sabía que al final de la jornada (ella terminaba de vender el 24 de diciembre) me daba mi navidad, que obviamente se convertía en dinero. Fui una niña bastante normal, nada estudiosa.

Mi madre y yo.

Desde muy pequeña daba muestras de que no me gustaba la escuela y creo que en aquel momento no sabía que mis habilidades eran otras, pero pertenecía a esa época donde se tenía que estudiar, tenía que aprender una profesión, tenía que hacer todo lo que indicaba el círculo social.

A mí me decían "burra" (significando que no era muy inteligente), y crecí con este apodo. Por eso ahora me emociona mucho escribir este libro, porque digo que, si cualquier persona a la que le han dicho burra pudo facturar su primer millón, me imagino que ¡cualquiera va poder hacerlo! Y eso me va a dar mucho gusto, porque crecí escuchando: *"Es que es bien burra, ¿qué vamos a hacer con ella? Es burra, burra, burra y es tan mala en la escuela"*. Estas palabras las tenía muy grabadas en mi mente, y hasta yo misma consideraba que era burra.

Hay una anécdota muy chistosa donde creo que mi mamá ya estaba muy cansada de la situación conmigo, de no saber qué hacer para ayudarme. Mis calificaciones no se levantaban. En México te calificaban por número: el cinco era reprobado, el seis ya pasaste de panzazo, siete eres mediocre y un ocho ya es aceptable.

Mis calificaciones fluctuaban entre el cinco y el siete, entonces recuerdo perfectamente que en una ocasión reprobé tres materias: inglés, química y matemáticas. Mi mamá, cansada de ver siempre lo mismo conmigo, llevaba las calificaciones a mi abuelo materno, quien siempre me consintió mucho y le decía: "Mira, papá, ¡vea!, ¡para que la siga consintiendo!"

Mi abuelito la escuchó, tomó las calificaciones en sus manos y las observó por un momento. De verdad creo que fue de las pocas veces en las que sentí vergüenza, porque me preocupaba que mi abuelito me fuera a ver como una burra, ya que él me consentía mucho.

Mi papá Rodolfo Ángeles, mi mamá Catalina Echeveste, mi hermano mayor Héctor Ángeles y yo en la playa, en alguna vacaciones que siempre nos regalaron.

Entonces mi abuelito, aún con las calificaciones en la mano, le dijo a mi mamá: "¿Qué? Mira, ¡reprobó inglés! Ni modo que se nos vaya a ir a los Estados Unidos, ¿Matemáticas?, pues no las va a ocupar y ¿química?, tampoco. ¿Cuál es el problema?" (¡¡¡Y mira dónde terminé!!!), me sentí tan feliz que mi abuelito me apoyara.

Fui una niña demasiado inquieta, una niña que disfrutó mucho a su familia y guardó bellísimos recuerdos de ella. Pasaba unas vacaciones increíbles, hasta donde mis padres nos las podían dar. Desde muy pequeños, a mi hermano mayor y a mí, nos enseñaron a conocer el mar.

Desgraciadamente, a mis otros dos hermanos ya no les tocó el mismo ritmo, creo que fui muy afortunada, porque en aquel momento, mis papás estaban casados. A mis hermanos menores ya no les tocó vivir esa etapa, tuvieron que sufrir la separación de nuestros padres.

Después de todo esto, puedo decir que el gran descubrimiento que tuve en mi infancia fue tener la certeza de que me gustaban las ventas. Saber que no me daba vergüenza vender afuera de un mercado, a pesar de traer un uniforme de una escuela privada. Me sentía sumamente feliz de estar con mi abuela, acompañándola con sus vestidos del Niño Dios, ofreciéndolos.

Creo que todas estas experiencias felices se convirtieron en los fundamentos sólidos desde los cuales aprendí a desarrollarme en todos los ámbitos.

# Capítulo 2
## De adolescencia a preparatoria

La adolescencia fue una etapa muy difícil para mí, ya que había mucha rebeldía provocada por los abusos que sufrí sin hacerlo consciente, y estos al no externalizarlo me causó muchos problemas, que se manifestaron hasta edad adulta.

En este punto vuelvo hacer hincapié en una idea: imagínate, si una persona con tanto daño como el que tuve que cargar, con tantas cosas en contra, logró facturar su primer millón, cualquiera puede.

**Las circunstancias no te definen, tú defines tus circunstancias, tú defines a donde quieres llegar.**

Esa etapa de mi vida fue familiarmente muy difícil, pero al mismo tiempo fue una etapa donde seguí construyendo, creyendo, validando la idea de que lo mío eran las ventas. Me gustaba mucho poder hacer algo de dinero extra porque, obviamente, no recibía dinero de mis papás como a mí me hubiera gustado, como a cualquiera le gustaría que lo que se pida se nos dé.

En mi adolescencia.

Venía de una familia donde mi papá nos daba mucho, de acuerdo con sus posibilidades. Fue un papá sumamente trabajador, pero creo que sí había una exigencia económica por parte de mi mamá (que lo agradezco hoy en día), porque ella se empecinó en que tuviéramos una educación privada.

Con mis padres y uno de mis hermanos durante mi adolescencia.

Mi época de Preparatoria

En esa etapa difícil, las calificaciones seguían siendo igual de malas que en la primaria; esas no subían. El apodo de burra no se me quitaba, mis padres solo decían: "Bueno, ¿qué hacemos con esta muchacha?

Recuerdo que mi mamá decía: "Yo creo que esta nomás va a servir para que se case y tenga hijos". Ellos no veían mayor futuro en mí, porque a su manera de ver las cosas, alguien que no alcanzaba los estándares académicos como lo hacían en aquella época los demás, era una persona destinada al fracaso.

Cuando iba a terminar la preparatoria, sabía que apenitas iba a pasar las materias, o sea, no había muchas expectativas. Escogí la carrera de humanidades porque pensé: "Los números a mí no se me dan". Como dato curioso, en verdad fui muy tremenda, porque teníamos una materia que era cálculo y a mí no me entraba, por más que trataba no me entraba, y recuerdo que pagué para que me hicieran el examen.

Siempre he tenido la habilidad de conseguir las cosas, creo que el mensaje aquí es, que nada te detenga, y pensaba: «Bueno, yo no voy a reprobar por una materia», siempre buscaba opciones para hacer las cosas. Sé que no fue la mejor alternativa, hoy me da un poco de vergüenza al recordarlo, pero si no fuera por eso, no me habría graduado.

Recuerdo el momento en que me iba a graduar. Mi papá estaba muy estresado por los gastos que implicaba la graduación y yo quería un vestido carísimo, porque, como estaba en una escuela privada, veía lo que mis otras compañeras tenían y también lo quería.

Le decía a mi papá:

—Yo quiero $500 pesos para mi vestido.

—Date de santos si te doy $200.

—¡Dale! Dámelos ahorita. —Mi papá pensaría que yo estaba loca. ¿Para qué quería los $200 en ese momento?

Fui al mercado, compré dulces, saqué todos los libros de mi mochila (porque, obviamente, de todos modos, yo no estudiaba), y la llené de chicles, cacahuates, gomitas, borrachitos, todos los dulces que se puedan imaginar los llevaba en mi mochila, y empezaba a pasar la voz con mis compañeras de la escuela, nos pasábamos notitas de escritorio en escritorio y les decía: "¡Traigo dulces!".

Se empezaban a pasar los típicos papelitos con los recados, y muchos me pedían y me decían: "Dame esto, te lo pago mañana", y yo siempre traía mi lista de quien me debía, y bueno, ahora te puedo decir con mucho orgullo que me compré mi vestido de graduación y que salí sumamente feliz con ese resultado.

Sentía que las ventas se me facilitaban mucho, no me angustiaba vender a pesar de estar en escuela privada, y a lo que ahora le llaman *bullying*, en aquel momento le decíamos "carrilla".

Con mis padres y el vestido que me compré vendiendo chiclets y cacahuates.

Sé que me daban mucha "carrilla" y que me hacían muchos comentarios, porque era la que vendía los dulces dentro de una escuela privada, pero no me sentía afectada por eso, al contrario, me decía: «Estoy consiguiendo mi objetivo, ¿y cuál es el objetivo? ¡El vestido! No me importa lo que digan», creo que desde ahí empecé a hacer oídos sordos a lo que las personas pensaban de mí.

# Capítulo 3
## Época Universitaria

Al terminar la preparatoria, entré a la universidad a estudiar leyes. Nunca quise estudiar leyes, quería estudiar Ciencias de la Comunicación, pero mi mamá no aceptó. ¡Me encontraba tan confundida! No sabía qué quería hacer con mi vida, pero sabía que no me quería quedar en la casa.

Las opciones eran: estudiar o ser secretaria de presidencia (que eso para mí era una ofensa), por eso entré a estudiar leyes. Me fue muy mal en la universidad, estuve en una universidad privada que mi papá pagaba con mucho sacrificio, recuerdo que reprobé tres materias que eran consecutivas y mi papá me dijo: "Yo no te pago ni un curso más, ¿estás loca?", y yo lloraba como Magdalena, porque me frustraba cuando reprobaba.

Mi hermano mayor me encontró llorando y me preguntó:

—¿Por qué lloras?

—Es que mi papá no me quiere pagar la universidad —le dije.

Yo sabía que mi papá no tenía las posibilidades de seguir pagando mi universidad, entonces no me victimizaba, pero si me frustraba, porque me decía a mí misma: «Por pinche burra, ¿Por qué no te pusiste a estudiar? Pero eso sí, ahí andabas en los bailes», yo solita me regañaba, pero ¡ya estaba reprobada!

Mi hermano me dijo: "Háblale a Leo", Leo era una compañera de él que vendía JAFRA (que son productos cosméticos). Recuerdo que le llamé, y ella me dijo: "Yo vendo unos sets que salen en $450 pesos, haces unas tandas (lo que se conoce acá en EE. UU como "cundinas") para que la gente se lleve sus sets y escojan de tres diferentes tipos".

Inmediatamente, le organicé tandas para esos sets, pagué los tres cursos y me quedó dinero. ¡Era buenísima vendiendo! Y creo que mis papás veían que yo traía esa inquietud. En ese entonces entré a trabajar a ETN (Enlaces Terrestres Nacionales), que es una empresa de camiones de lujo en León, Guanajuato.

Mi trabajo era como edecán, a la semana me pasaron a ventas y al poco tiempo, me nombraron supervisora de piso. Fui la primera supervisora mujer en todo el país.

Cuando trabajaba en ETN, Enlaces Terrestres Nacionales.

Mis papás sintieron que a mí me estaba llamando mucho la atención el dinero, y es cuando me impidieron trabajar, "Pero ¿Por qué?", les preguntaba yo, que aún no entendía lo que ellos querían.

"Es que tienes que estudiar", dijeron mis padres, con un inmenso interés de convencerme, pero a mí ya no me interesaba la escuela, obviamente, porque ya estaba ganando dinero y además estaba reprobando materias, así que me di de baja en esa universidad (Universidad del Bajío) y entré al CEU, que es una universidad donde puedes estudiar y trabajar, pero no era una universidad de "caché", como la otra.

Mi papá se sentía muy desilusionado de que yo no hubiera aprovechado la oportunidad, y como castigo me dijo:

—Ahora tú te pagarás tus estudios, yo no te apoyaré más

—Está bien —contesté—, ya me gustaba trabajar.

Creo que descubrí que mis talentos eran más allá de los estudios, dejé una carrera truncada, me faltaron cuatro meses para graduarme de leyes, el último cuatrimestre de universidad ya no lo hice, estaba tan enfocada en hacer dinero, que me desinteresé de estudiar.

En aquel momento yo estaba trabajando de asistente personal de un licenciado en León, y a todas las secretarias, les vendía oro, perfumes, bolsas de piel, todo lo que te puedas imaginar, y era muy feliz haciendo eso.

Me compré mi primer carro sin la ayuda de mis papás, solo con mis ventas y todas esas cosas me generaban orgullo, porque sentía que le estaba dando un buen ejemplo a mis hermanos. Uno de mis hermanos menores sigue mis pasos y me siento profundamente orgullosa de él.

Esa etapa de la universidad quedo ahí, me casé en ese lapso, y creo que no me dolió dejar la universidad, creo que les dolió más a mis papás, que no terminara la carrera faltándome cuatro meses. Ellos nunca entendieron por qué no lo hice.

Creo que siempre supe que nunca iba a ejercer la carrera de leyes y me hizo muy feliz la decisión de dejarla, aunque en su momento no lo pareciera.

# Capítulo 4

## Nuevos círculos sociales y cambio de estándares

En este capítulo quiero contar del mundo en el que vivía, el mundo que conocía. Dicen que cuando tú no sales de tu círculo, crees que todo eso es tu mundo, y yo pensaba de esa manera.

Era muy feliz en el barrio, jugando en las calles, la calle de mi abuela fue una de las últimas calles en pavimentarse. Recuerdo que, cuando llovía, si andabas caminando, terminabas todo enlodado, pero en este caso, como yo ya tenía carro, el carro terminaba todo enlodado, eso era algo fastidioso.

Había entendido que me gustaba trabajar, y sabía que no iba a ser abogada. Sin embargo, se dio la oportunidad de trabajar con un abogado, y en la entrevista me dijeron que mi puesto era de asistente.

—Secretaria —les dije.

—No, eres la asistente.

—Pero, ¿qué no es lo mismo?

—No —me dijeron una frase que yo utilizo mucho hasta el día de hoy, y alguna gente se ríe de mí, y algunos la pueden tomar a mal, pero los que me conocen saben que es una de mis frases favoritas—, ¡**Hay niveles!**

—Explícame, ¿Qué es una asistente? —les dije confundida.

—Tú vas a llevar todo lo personal del licenciado y de su esposa, te encargas de su cuenta personal, de sus mandados, de su agenda, de hacerle reservaciones

—¿Y por eso me van a pagar?

Pues yo feliz, agarré el trabajo y cuando conocí al abogado, ahí entendí que había niveles. Quedé sorprendida cuando empecé a descubrir ese mundo, que para mí era totalmente nuevo. La esposa del abogado, se llamaba Lucha, un día me llamó y me dijo:

"Bienvenida, sé que eres la nueva asistente de mi marido. La asistente anterior tenía años trabajando con él, pero renunció porque se casó. Era algo que siempre le pasaba. Y recuerdo muy bien que ella continuó diciéndome: "Nomas no te nos cases, por favor, porque todas las que llegan después de cierto tiempo, se casan y se van", y sí, efectivamente al poco tiempo me casé.

Trabajando como Asistente del Lic. Aparicio.

Me dijo: "Mira, todos los lunes y viernes requiero que me envíes salvado, que me envíes germen", y yo iba anotando todo, porque no sabía que era todo eso. La alimentación que nosotros teníamos creo que fue una alimentación bastante sana y buena, pero siempre hay más por conocer.

Yo le preguntaba: "¿Para qué utiliza el salvado, para qué utiliza el germen, para qué utiliza la linaza? Entonces descubrí que hasta la forma de alimentarse de estas personas era muy diferente a la forma que yo me alimentaba y no es que mi alimentación fuera mala, porque en mi casa había vegetales, frutas, carne y todo lo que creíamos necesario, pero en mi casa era normal que nos comiéramos unos tacos, los mexicanos comemos muchos tacos, costumbre que no se veía en la casa del abogado.

En una ocasión, estando en la oficina, teníamos un cuarto muy pequeño donde podíamos comer lonche o desayunar, pedimos unos tacos y los empleados me preguntaron:

¿A qué hora va a llegar el licenciado? Y yo les dije: "El licenciado se va a tardar como dos horas, porque tiene una reunión en el banco" Me preguntaron a mí porque era quien controlaba la agenda y sabía su horario. En eso me llama el licenciado y me dice: "Voy para allá, porque cancelaron la reunión". ¡Y esa oficina apestaba a tacos!

Entonces, pasó el licenciado con mucha molestia, esto jamás se me ha olvidado, y me dijo:

—Si eso huele así aquí, no quiero imaginar cuando van al baño. ¿Por qué comes eso? Eso hace que no pienses bien, eso hace que te dé sueño.

—¿Usted nunca se come unos tacos?

—No.

—Pues usted no es mexicano.

—Hay que saber comer, hay que saber cuidar tu mente.

—¿Qué tiene que ver la mente con los tacos? —le respondí tercamente.

Obviamente, ahora lo entiendo a la perfección, pero en ese entonces todo aquello era nuevo para mí.

Un día el abogado pasó por mi escritorio con un libro en la mano, y lo dejó caer en mi escritorio, y me dijo: "Léelo, y la próxima semana quiero tu resumen". El libro se llamaba: "El hombre en busca de sentido" de Víctor Frankl.

Fue el primer libro que yo comencé a leer, que no tenía nada que ver con la escuela, mientas lo leía, una página me llevaba a la otra y a la otra y a la otra, se me hacía muy fácil de entender, hice el resumen como él me lo pidió.

Yo pensaba que ocupaba el resumen para alguna cosa.

—Aquí está el resumen —le dije.

—Bien, ahora mínimo tienes que aprender a leer de uno a dos libros por mes.

—¿Cómo?

—Tienes que alimentar tu mente, no te alimentes de novelas, no te alimentes de revistas —me enseñó.

Recuerdo que por aquel entonces había una revista que se llamaba ERES, por todo México; puro chisme farandulero.

—No seas de esas que andan comprando las revistas de las modas, nutre, nutre tu mente, eres un diamante, pero estás en bruto.

Me sentía ofendida porque no sabía lo que eso significaba, y le decía:

—Pero ¿Cómo en bruto? —No sabía todo lo que me faltaba por caminar, y ahora entiendo por qué era un diamante en bruto.

—Tú eres como el mar, cuando aprendas a controlar tus olas, tu vida va a funcionar, porque eres marea alta, o marea baja y haces un desmadre.

—¿Y eso cómo se controla?

Ahí comenzó a enseñarme a cerca de las emociones, y creo que, sin entender, ahora lo vengo entendiendo. He controlado mis emociones y es por eso que he podido crecer. Porque cuando controlamos nuestras emociones, controlamos nuestras finanzas y controlamos nuestro entorno.

En aquel entonces me invitaba a las fiestas de las reinas de coronación de León, donde iba la gente de clase alta, y yo descubrí ese mundo, donde veía tantas cosas que yo no tenía a mi alrededor.

Antes de estar ahí, yo sentía que era rica, pero cuando entré a ese mundo, me di cuenta de que no éramos ricos, no me sentía pobre, pero no es lo mismo convivir con compañeras de la escuela que vienen de un círculo privado.

Notas que ellas tienen una mejor mochila que la tuya, porque el uniforme es el mismo, así que no es tan evidente, porque no tienes acceso a esas personas, a la convivencia, a la plática.

Creo que este licenciado fue el hombre que me inspiró, porque no había otra persona que me inspirara a decir: "Yo quiero eso, yo quiero vivir así, yo quiero pensar así, yo quiero aprender a comer así".

Entonces ahí es cuando entendí que había niveles y lo sigo diciendo hasta el día de hoy: *"hay niveles, y siempre somos principiantes del siguiente nivel"*.

# Capítulo 5
## Momentos de adversidad

Hace poco di una charla en un lugar, era tema abierto para hablar de lo que uno quisiera, tenía solo unos minutos y escogí contarles parte de mi historia, ya que se me da más fácilmente y más real.

Les comentaba que cuando llegué a este país, preguntaba a las personas de mi entorno: "¿Aquí en qué puedes trabajar?, me decían: "Puedes ser *housekeeping*, puedes trabajar en el campo".

En ese entonces vivía en el norte de los Ángeles, donde hay mucho campo. A mí no me llamaba la atención nada de eso, y les preguntaba: "¿Tendrán algo así como de oficina?"

Uno llega en blanco y piensa que se puede colocar, yo casi era abogada, en mi último empleo había trabajado en el equipo de Vicente Fox, en León, que era en ese entonces el gobernador y después fue presidente de la república.

Uno llega con sus títulos en la mano, pensando que tiene esas opciones. Entonces me dijeron:

—No, desgraciadamente no tienes papeles.

—¿Y la nena?, ¿cómo vamos a manejar lo de su escuela?

—Tú no te preocupes, de kínder hasta *highschool* (preparatoria) está garantizada, de ahí en adelante ella ya se tendrá que buscar un trabajo y te podrá ayudar con los gastos.

—¿Cómo?, yo quiero que mi hija vaya a la universidad.

—No, eso es para los que tienen papeles, y tú no tienes papeles, eso es carísimo.

Yo había escuchado en aquellos tiempos que podías sacar un carro del dealer con cien dólares, y pensaba: «¡Qué barato! Cien dólares si puedo pagar», y le dije a mis amigos:

—¿Cómo puedo sacar un carro?

—Debes tener dos trabajos, con uno pagas tu renta y con el otro sacas un carro usado

—No, yo quiero uno de dealer, nuevo.

—No, porque no tienes papeles. —me decían

Creo que en aquel entonces hice las preguntas correctas, porque yo efectivamente quería trabajar y obviamente quería saber en qué se podía trabajar, cómo podía lograr que mi hija fuera a la universidad, cómo podía obtener un carro, pero se las hice a la gente incorrecta.

Llegamos a Estados Unidos y nos metemos en un sistema y buscamos lo que es más conocido, pero no quiere decir que sea lo más funcional. Aprender el sistema americano da miedo, por eso seguimos lejos de nuestro país, pero con ideas, creencias y formas de actuar arraigadas, como si continuáramos allá.

Trabajé de *housekeeping* por quince días, obviamente no me funcionó. Trabajé en un vivero por dos meses; no me funcionó, no eran cosas que a mí me gustaban, pero me dio la oportunidad de conocer gente.

Después de eso, agarraba el carro y me iba para los Ángeles y compraba mercancía, y surtía en el pueblo. En aquel pueblo yo era la que vendía perfumes, oro, lo que la gente me pedía, lo tenía, y como en esas casas viven hasta veinte personas, todos los viernes llegaba con mi libretita y les decía: "Hoy les toca pagarme".

Yo juntaba mis abonos de veinte o treinta dólares, y así me empecé a capitalizar y vi que el negocio no estaba en que yo trabajara para alguien, estaba en que me moviera por mi cuenta.

Mucha gente me decía:

—¿Oye, y no te da miedo, porque no tienes licencia?

—Yo si tengo —les decía, riéndome en mis adentros.

—¿Cómo?, ¿si tienes licencia?

—Sí, claro, la de Dios.

Nunca me dejé llevar por ese pensamiento, y creo que eso es muy importante. Entiendo que el sistema de aquí está diseñado para que haya una estructura, pero no quiere decir que si no tienes todas las condiciones en esa estructura, no se puedan realizar las cosas.

¿A qué me refiero con esto? Mucha gente te dice: "Es que yo no puedo buscar un trabajo o no puedo hacer alguna cosa, porque no tengo papeles o porque no hablo el inglés". Y yo les digo con toda certeza: TODO SE PUEDE HACER, entonces creo que esa parte tan *"valemadrista"* mía me ayudaba mucho a salir adelante.

A mí me daba risa cuando me decían: "¿Vas a los Ángeles? ¿No te da miedo que te agarre la migra?", y yo les respondía: "Claro que no, ¿Por qué me va a agarrar?". Nunca vi eso como un miedo, pero hay mucha gente que vive con esos miedos.

Luego fui para México, y como yo soy de una ciudad donde se hacen zapatos, empecé a traer zapatos a los Estados Unidos para vender. Hay un dicho que dice: *"como el burro que tocó la flauta"*, yo crecí escuchando muchos dichos de mi familia, y el burro que toco la flauta es la historia de un flautista que estaba tocando la flauta y no le salía la tonada, se hartó y aventó la flauta cerca de un burro, que la mordió. Y el burro hizo un gran rebuzno y le salió una melodía, entonces por eso se dice *"el burro que tocó la flauta"*, porque te salen las cosas sin pensarlo mucho, y así era yo.

Empecé a traer zapatos de México, recorrí el Downtown (el centro) de Los Ángeles, ofreciendo los zapatos, y un día le dije a una señora de China: "Oye, ¿Quieres comprar zapatos?".

Yo quería vender los que traía, no que me hicieran más órdenes. Yo venía acostumbrada a que los zapatos se vendían por docena, como en México, y recuerdo que la señora los empieza a acomodar, yo traía un monto de muestrario y me dijo:

—De este, de este y de este, diez.

—¿Diez qué? —le pregunté confundida.

—Diez, diez, diez —me volvió a decir la señora.

Entonces la muchacha que trabajaba con ella, que era mexicana, me dijo: —Son diez por medida, no quiere medios, quiere puros números enteros".

«¡Ahhh cabrón! Aquí el negocio va a ser que yo venda mayoreo y puros números enteros», pensé.

Claro que le armé la orden que ella me pidió, me quedé con todos los medios y después a esos medios los borré y les puse números enteros, y pensé: «yo no me quedo con ellos», Por eso, como el burro que tocó la flauta.

Empecé a traer zapatos de León, empecé con una cantidad, el zapato entraba legalmente al país, entonces se pagaba a la aduana y la aduana misma me decía: "Oye, te conseguimos un transporte donde van acomodando la mercancía de diferentes personas que traen poca cantidad".

Al principio traía mis zapatos dentro de esa camioneta, pero tiempo después, la camioneta ya era para mí sola, y con el paso del tiempo, ya no ocupaba esa camioneta, sino que ocupaba el camioncito más grande y después ya ocupaba el otro camión más grande.

Se empezó un exitazo, con lo del zapato, creo que fue cuando estuve, como decimos los mexicanos, "colgada en los cuernos de la luna", porque literalmente, yo barría dólares, es decir, yo agarraba dinero de una manera increíble. En verdad era maravillosa, la forma como se movía el negocio.

Una persona me dijo: "Dicen que esto se va a poner mal, ¿Por qué no nos vamos a china? Y esos zapatos lo empezamos a fabricar desde China", y yo le dije: "¡Claro que no! (me salió lo patriótica), ¿cómo crees? Si esto es de México, claro que no".

Después de eso se vino la recesión del 2008, y en esa terrible turbulencia, todo se perdió. No fui la excepción, todo se perdió. Para mi fortuna, y suena raro decirlo así, debía dinero en México y eso impidió que me regresara a mi país, porque las deudas las tenía allá, no aquí en Estados Unidos.

En verdad Dios sabe cómo hace las cosas y fue muy sabio, porque mucha gente aquí estaba endeudada, perdiendo casas, negocios, y yo también estaba viviendo la recesión, pero mis deudas estaban en México.

Previamente me había dado cuenta de que el dinero estaba en la fabricación de los zapatos, entonces en lugar de estar comprando a un fabricante, monté una fábrica en México, pero todos esos zapatos venían directo para Estados Unidos.

Siempre he dicho que el mexicano de México no es el mismo mexicano de Estados Unidos, entonces el zapato que yo hacía estaba diseñado para el gusto de Estados Unidos, más no para el de México. Entonces la fábrica no podía seguir trabajando, porque los modelos y todo el diseño estaban hechos para el estilo de Estados Unidos.

Para hacer corta la historia, fui muy cobarde, para mí fue más fácil cambiar de número de teléfono, porque sentía que así me quitaba toda la presión. Fueron momentos muy difíciles, muy asfixiantes, porque perdí absolutamente todo, y cuando pierdes todo, ¿ya qué más tienes que perder si ya no hay nada?

Observé mi vida y pensé: «Está cabrón lo que he hecho», porque prácticamente tenía dinero y el dinero lo aproveché y lo utilicé en viajar, en ropa de marca, en fanfarronear y esa es una realidad.

Creo que fue la lección más importante que me dio la vida, porque en aquel momento, al quedarme sin nada, literalmente, yo nada más le decía a Dios: "ya entendí, dame la oportunidad y los dones o talentos que me diste, ya entendí para que son", obviamente Dios dijo: "No reina, tú todavía no entiendes, todavía te falta camino por recorrer". Mi oración por muchos años fue esa.

Después de eso trabajé en un multinivel, estuve en una red de mercadeo. Me iba maravillosamente bien, pero no terminaba de obtener los resultados que yo quería, era muy buena, pero me faltaba trabajar un aspecto en especial, que era mi área personal. Gracias a este proceso, aprendí tanto, que hasta el día de hoy ejecuto algunas de esas enseñanzas dentro de mi empresa.

A veces, gracias al ego, creemos que, porque somos profesionistas y tenemos un poco más de capacidad que otras personas, podemos destacar, y en realidad no es así. Creo que mi fracaso en las redes de mercadeo no fue porque no supiera hacerlo, sino porque yo no estaba a la altura para liderar gente, me hacía falta mucho crecimiento como ser humano.

Cuando desarrollaba Redes de Mercadeo. Rossy Barajas (a mi lado izquierdo) fue mi primera mentora de vida en USA, y a mi lado derecho mi querida Tete como la llamamos de cariño.

Creo que en ese andar hubo muchos trabajos, desde la venta de joyería, luego vendí flanes; yo estaba improvisando, realmente estaba perdida, perdida, perdida.

Trabajé con unos amigos que tenían eventos para los fines de semana, para medio sobrevivir, porque ni siquiera era sobrevivir, y de ahí fue cuando vino la etapa de los jugos, para mí es una etapa que no imaginaba que se iba a convertir en lo que se convirtió hoy en día.

En esta desesperación, yo iba a estos lugares donde se hacía ejercicio de zumba y veía que vendían productos de marcas que promueven la pérdida de peso. En lo personal crecí escuchando que no era bueno para el cuerpo consumir este tipo de productos, entonces tenía resistencia a consumirlo, y observaba que las personas hacían su ejercicio y no todas tomaban el té o el *smothie* que les vendían ahí, pero se iban muy acaloradas.

Entonces yo me acerqué a la persona que los vendía y le dije:

—Me doy cuenta de que no todos te compran los tés. ¿Qué pasa si te traigo unos jugos y los vendemos?

—¡Claro! Pero, yo tengo que ganar.

—Sí, claro —le respondí.

Hice esos jugos y empecé a darme cuenta del éxito que estaba teniendo y decidí que tenía que comprar otro extractor y otros aparatos que me ayudarán a producir más jugos.

Hice un balance de las cosas que ocupaba y pensé: «¡Chin! ¡Pero no tengo dinero!», y al no tener dinero, decidí hacer una venta de garaje con lo poco que quedaba, porque ya todo lo había vendido, ya había vendido mis joyas, ya había vendido mi ropa de marca, había vendido todo para sobrevivir.

Hice una venta de garaje, saqué trescientos dólares, me compré los primeros dos extractores de naranja y dos Nutrabullet. Yo ya tenía un extractor que estaba en mi casa, de uso personal, puse mis mesas plásticas y ahí comenzó el sueño de Natural Break, que no sabía lo que iba a ser hoy en día.

En aquel momento vendía cinco productos; el jugo de naranja, el jugo verde (que sigue siendo el más vendido hasta el día de hoy, bajo el nombre de MaxPower), el jugo de Betabel, que le pusimos "twilight" (este ya no lo vendemos, era nuestra versión del vampiro), jugo de naranja con zanahoria (tampoco lo vendemos actualmente) y un *smoothie*.

Esos fueron los primeros jugos que salieron, hoy en día tenemos más de veinte productos en nuestra tienda. Lo que comenzó como un sueño en un garaje de 12 x 12 pies, con extenuantes jornadas de trabajo que empezaban a la una o dos de la mañana, se ha convertido en nuestra compañía: Natural Break.

Obviamente, seguía sobreviviendo y ahí no solo sobrevives, sino que estás en un punto donde dices: "A ver, yo era tan bonita, tan talentosa, ¿Cómo caí aquí?". En esos momentos de frustración yo no sabía cómo era el manejo de las redes sociales (y sigo sin saber), pero escuché a Diego Dreyfus en un video diciendo:

"Todos los amigos se juntan y te presumen que carro traen, a donde se fueron de compras, pero nadie te dice oye, hagamos una competencia a ver quien ahorra más para invertir" y pensé: «¡Ahh… qué cabrón! Nunca había escuchado eso», esas palabras fueron como campanitas para mis oídos, porque enseguida dijo: "Dime, tú que te estás quejando de tu situación (O sea, yo) ¿Cuánto dinero le has invertido en los últimos dos años a tu cerebro?", me dije: «¡Puta! Yo llevo casi diez años sin meterle».

Tuve un accidente, me chocaron cuando estaba trabajando, el caso se fue para largo, el conductor no tenía aseguranza y hubo muchos cargos. Para hacer la historia corta, como al mes de haber escuchado el video, me llego el cheque de ese accidente. Me llegaron seis mil dólares y dije: "¡De aquí soy!".

Hacía mucho tiempo que no traía una buena cantidad de dinero en mis bolsillos. Acostumbraba a cargar quince mil o veinte mil dólares en la bolsa guardados y cheques, pero hacía años que yo no veía seis mil dólares juntos.

Compré un extractor de naranjas que era más eficiente que los que tenía, me costó $500 dólares. Todavía lo tengo de recuerdo. Y lo demás, lo empecé a invertir en mi mente, ahí comenzó la historia.

Creo que ese video fue el que me cambió la vida, porque capté la información, tomé acción y me empecé a capacitar. Un curso te llevaba a otro, y a descubrir otro, y más allá de descubrir, era el aprender cómo funciona el sistema, cómo funcionan las cosas, cómo usar mi sabiduría.

Dios había sido muy bueno conmigo, y yo había estado colgada en los cuernos de la luna, pero si en aquel momento yo hubiera tenido un asesor de negocios, mi negocio hubiera agarrado otro rumbo. Yo sabía gastar, más no sabía invertir, entonces las lecciones ahí fueron muy bien aprendidas, y cada vez le metía yo más a mi cerebro y cada vez podía navegar en las cosas de una manera más inteligente.

*LA PREPARACIÓN, MÁS LA ACCIÓN, TE LLEVA A OBTENER LOS RESULTADOS QUE TÚ QUIERES.*

Una de mis asesoras de negocios hasta el día de hoy, se llama Claudia Alison. Cuando la conocí se me hizo muy bonita físicamente, tomé su curso y para mí fue impresionante, dije: **"Wow, ¿Cómo sabe tanto?"** Yo no sabía nada de esto en la vida. Ella fue la primera persona que me explotó (metafóricamente) la cabeza, y me hizo entender que, si yo seguía trabajando de la misma manera en que lo estaba haciendo, no lograría prosperar. La seguí observando y en su segundo curso hizo un quiebre en mí, porque me retó a hacer cosas que no me gustaban, y por poco abandono el curso. Si hubiera abandonado ese día, seguramente la historia estaría contada de otra manera, pero gracias a Dios, me quedé.

Cuando lo terminé, busqué mi primera vendedora, y luego de esa vendedora conseguí otra. Dejé de hacer ruta; ya no salía a distribuir los jugos, yo nada más estaba haciendo los jugos y las vendedoras salían desde mi casa.

Yo observaba a Claudia Alison, y un día me senté con ella y le pregunté:

—¿Cómo le haces?, ¿Cómo le haces para estar tranquila?, ¿Cómo le haces para todo esto?

—Tienes que conocer el sistema, él está para que tú ganes, no está para que estés ahorcada —me contestó—. ¿Estás reportando tus impuestos?

—No, —le respondí.

—Okay, empecemos por ahí, porque tenemos la creencia que eso no deberías hacerlo, por qué piensas que ganas poco, ganas efectivo, ¿para qué reportarlo? Pero el día de mañana, si tú quieres comprarte un carro, el mismo sistema te va a dar para que te lo compres. —Y me dijo—: Voy a tener un taller de finanzas, si gustas tomarlo cuesta tanto, nunca lo regalo, la gente dirá: "bueno, ¿por qué? Si es información, ¿para qué pagar?", te tiene que costar para valorar.

No tuve problema, tomé el taller de finanzas y fue una bomba para mí. Saber cómo funciona este sistema hace que digas: ¡Lo amo! Y de ahí mi negocio empezó tomar estructura, empezamos a declarar impuestos y después se convirtió en una LLC.

Fuimos avanzando y todas esas creencias que traemos sobre el gobierno, sobre el banco, sobre que todo está en tu contra ¡No! El banco es mi amigo. Si sé responderle al banco, puedo trabajar su dinero, pero él necesita saber que soy una persona responsable, y me va a dar tarjetas de crédito en la medida que demuestre mi responsabilidad, entonces empezaron a cambiar todas esas creencias y creo que entendí que, para llegar a los niveles a donde quiero llegar, necesito estar asesorada, y siempre debes estar asesorado por alguien que ya estuvo ahí, y que ya tiene lo que tú quieres.

Que cuando yo mire a esa persona, que tenga el carro que yo quiero, la vida que yo deseo, la casa como yo la quiero. Lo siguiente es seguir el molde de quien ya partió y ya está allá.

Ella es una mujer de 30 años, ¡Imagínate! Contra una mujer de 50 años, dices ¿Cómo le hiciste? Creo que de ahí vinieron todas estas enseñanzas, de que la preparación más la acción te lleva a obtener los resultados que tú quieres, y así fue como el negocio fue escalando a diferentes niveles.

El 2020, que fue el año de la pandemia, cuando cualquier negocio estaba pasando por la crisis, yo estaba agarrada de tres coaches, porque sentí que era la única manera en que iba a poder salir de esa atmósfera tan fuerte que estábamos pasando, ¿Qué era real? Sí, pero cuando tú le das otro enfoque, es otro el camino. Hasta el día de hoy mi negocio jamás recibió un dólar de ayuda del gobierno y salimos perfectamente adelante y aun así, ¡facturamos un millón!

# Capítulo 6

## Mi historia de éxito en Estados Unidos

Cuando estaba haciendo el negocio de redes de mercadeo, nos regalaban una revista mensual donde el dueño de la empresa te escribía cosas muy sabias, de esa gente que ya traen una sabiduría innata en ellos. Recuerdo que había una frase pequeña que decía*: "El éxito está construido de fracasos"*, y recorté esa frase para recordarme todos los días que el éxito estaba construido de fracasos, y mi hija pequeña en aquel entonces leyó eso y dijo: "Wow, eso quiere decir que tú vas a ser superexitosa". ¡No sabía si sentirme halagada o ponerme a llorar!

Hasta ese momento ella había visto a la mamá que vendía joyería, flanes, ropa, zapatos, la veía haciendo de todo, pero a nada le pegaba. Lo que he aprendido es que toda cuenta, a veces tú piensas que no va a contar, pero toda cuenta, cualquier trabajo que realizas, y lo haces desde el corazón agradecido, tiene su recompensa. Porque tú podrías decir: "bueno, yo estoy trabajando y le estoy dando mi tiempo, y estamos a mano", eso lo podría decir cualquiera, pero si tú eres agradecido y haces lo mejor que puedes, vas a obtener mucho más que un simple pago por tu tiempo. Vas a obtener un aprendizaje.

Imagíname a mí, en aquel entonces, cuando mis amigos de las fiestas me dieron trabajo (Gracias, Brandon y Eduardo). Claro, yo ponía mi tiempo y ellos me pagaban, pero aprendí a poner mesas, a hacer decoraciones, siempre aprendes, cuando estás abierto a que cada día, en cualquier trabajo que tú estés, es aprendizaje. En este andar repartí periódico (hablando de experiencia), ¿era el trabajo de mis sueños? Obviamente no, lo hice porque era un ingreso que iba a tener, lo ocupaba, porque era en la época donde sobrevivía con los jugos.

Empecé a observar a esos viejitos que salían por el periódico y les costaba mucho trabajo agacharse a recogerlo, y al siguiente día, con mi inglés mocho, yo los saludaba. Al ver la dificultad con la que ellos se agachaban, le pregunté a mi hija cómo se escribía: "tu periódico va a estar todos los días en el buzón", y les dejaba una nota en el piso, con ese mensaje, para que ellos no se tuvieran qué agachar.

Observaba viejitos que me hacían pensar: «Con este dineral ¿Qué haces parado a las *cinco de la mañana?, yo estaría dormida*», y les decía: "¿A qué hora quieres tu periódico?" algunos me decían "Entre cinco y cinco veinte" Entonces yo a veces cortaba la ruta para ir a llevarles el periódico, claro cuando llegó diciembre y me dieron propinas, junté tres mil dólares, o sea, no sabía que eso no era normal, pensé que lo era, que todos juntaban tres mil dólares de propinas, pero no era así.

Lo que entendí fue que mi experiencia, desde haber trabajado con personas de oficina, con diferentes escalas sociales, me había llevado a buscar siempre un nivel de excelencia en lo que hacía.

Sin importar lo que estés haciendo, si tú lo llevas a la excelencia, vas a tener otro resultado. Creo que pensar así es una gran ventaja, y me ha dado grandes resultados. He tenido trabajos que cualquiera podría desvalorizar, entregué periódico, no era ni la manager, ni la dueña, era una rutera más entregando periódico, pero logré hacer la diferencia por el servicio.

La gente se reía de mí, porque me decían los domingos: "Vamos a tomar un café" y yo les respondía: "No, aún no término", y decían en forma de burla: "Oh, es que haces la ruta caminando" Y ¡sí! Había casas donde literalmente yo estacionaba el carro y caminaba para dejarles el periódico en la puerta, cuando pasaban otros y lo aventaban y les valía gorro si el periódico se mojaba o si no se mojaba.

Para mí era muy importante, porque yo veía más allá. Soy muy intensa (apasionada), y creo que esa intensidad me ha ayudado mucho en mi experiencia, veía más allá de un simple trabajo y pensaba: «Es que el reportero va por la noticia, viene corriendo con su noticia para que esté en primeras planas, lo imprimen, lo llevan, lo trasladan ¿y tú a lo huevón vas y lo avientas a un jardín? ¡No manches!». Entendí que no importaba qué trabajo estuviera haciendo, si lo hacía con pasión, los resultados siempre serían positivos.

Sea lo que sea que hagas, cuando lo haces con pasión, tú aprendes y tienes otro resultado, y te va poniendo en la mira del encargado o del jefe y te hace ser diferente a los demás.

Para mí ha sido muy importante el ser muy apasionada en cualquier trabajo que he estado. En alguna ocasión me dieron un castigo porque, en ese entonces, no era una ciudadana ejemplar y me mandaron a recoger basura al *freeway* y pensé: «Si ya estoy aquí, y tengo que cumplir ocho horas, pues voy a hacer el trabajo bien hecho», y me ponía a barrer ese *freeway* con singular alegría. A los demás les molestaba mi particular manera de hacer las cosas, tanto, que me miraban y me decían: "Parece que te pagan". No entendían que yo no lo hacía porque estaba contenta, lo hacía porque quería que pasara el tiempo rápido y la mejor manera de que se pase el tiempo rápido es haciendo algo. Si ya estás ahí, ¡hazlo!, ya sea por responsabilidad, por conveniencia, por lo que tú quieras, pero siempre da ese extra, siempre haz las cosas lo mejor que puedas, con la mejor actitud.

Creo que esto ha hecho la diferencia conmigo, y a todas las personas que están a mi alrededor siempre les digo: "Quizás estás trabajando conmigo y no es el trabajo de tus sueños, y lo entiendo, pero en algún momento a todos nos ha tocado comer camote. Come camote y cómetelo con gusto, porque el camote no te lo vas a comer toda la vida"- Entonces ellas ya saben y dicen: "Toca comer camote, ¿verdad?, Y les digo: "Sí, toca y disfrútalo, al rato pasa, al rato vas a traer tu carro, vas a terminar tu universidad, vas a hacer lo que te toca y te darás cuenta de que el tiempo pasó". Comer camote es algo que todos tenemos que hacer, pero no todos lo hacemos con singular alegría.

Hoy en día, entiendo que el haber pasado y haber quebrado el negocio de los zapatos, me dio la experiencia para entender que hay personas qué escuchar. A mí me dijeron: "Se viene una recesión fuerte", y yo decía: "¡Jamás!, es Estados Unidos, esto nunca va a pasar, será solo una temporadita", y luego ¡que se llega!

Esa compañía de zapatos fue un logro que alcancé, porque puedo decir que construí una empresa con mi marca, puedo decir que obtuve el logro de hacer un multinivel o una red de mercadeo y que llegué a cierta posición con más de 400 personas en mi red. Es decir que la cosa iba bien, pero son logros, que cuando no estás preparado se caen, porque esos logros están montados como un castillo de arena, no están sólidos.

Los veo como logros, porque fueron grandes fracasos en mi vida, y esos fracasos, más que logros, son muy buenos fracasos que me han llevado a dejar de ser la persona necia que antes era, a saber escuchar que hay personas que efectivamente saben de negocios y lo saben muy bien y a saber que hay estructuras para un negocio, que si quiero algo sólido y que sea por mucho tiempo, debo hacerlo con el conocimiento para un negocio, por ejemplo a mí me preguntaban: "¿Cuántas veces te enojas, porque algún colaborador no hace las cosas como tú lo pediste o como tú quieres?".

Pero la clave a esta respuesta es: No me enojo, domino las emociones, porque dime, ¿Quién pierde más si se va, él o yo? Tú puedes pensar: "Pues él, porque está en una muy buena empresa", sí, pero yo pierdo el tiempo que ya le invertí a esa persona, entonces creo que más bien he aprendido de todos esos fracasos a convertirme en la mujer que soy hoy.

Hay gente que me conoció en esa época y ¡qué pena que me conocieron de esa manera!, porque no soy ni sombra de lo que fui, definitivamente hay una evolución, es como si me hubieran cambiado, y sí, me cambiaron a una mejor versión, a una versión que yo no conocía de mí misma. Y hay gente que me conoció en aquellos años y hoy en día puedan decir: "Ya se le subió". No, no se me ha subido nada, al contrario, existen más problemas, más situaciones, pero también he entendido que quejándome no aporto nada, y estamos acostumbrados a la queja, y como ya no quiero pertenecer al grupo de la queja, mucha gente puede pensar que se me subió. Lo que para otros son logros, para mí son aprendizajes y cada aprendizaje me llevado al siguiente nivel.

Por qué realmente ¿qué logras? No logras nada, vas avanzando, si ahí quedara, y ya no fueras a evolucionar, sí fue un logro, pero estoy en el camino de seguir evolucionando día a día.

Cuando tu vez una meta como la veo yo, no vas a parar hasta conseguirla, y es lo que he hecho, no parar. Sé que soy la que menos aplaudo mis logros, veo que muchas personas sí lo hacen, pero siento que, al aplaudirte, te la pasas en festejo y se te olvida hacia dónde vas.

Mi idea es poder retirarme en poco tiempo, por eso soy tan apasionada en seguir trabajando, si para ti tu logro es que tus hijos vayan a la universidad, está bien. Para mí había más algo más allá de que mi hija fuera a la universidad, si me preguntas, ¿ese fue un logro? No, creo que esa fue una meta que siempre tuve en la mente, de que mi hija tenía que ir a la universidad, ese es un logro de ella, no mío. Mis logros han sido más fracasos que me hicieron la persona que soy ahora.

Si le hablamos a Nora, la que "sobrevivía", la que estaba en una situación muy triste, porque no entendía que había que trabajar en ella, y que en el momento que decidió realmente trabajar en ella y entender que todas las personas tenemos virtudes y defectos, en lo espiritual sería que todos somos luz y sombra.

Con Diego Dreyfus en un dialogo llamado: Te vas a morir!

Yo estaba muy acostumbrada a ver mis defectos, pero no estaba acostumbrada a ver la virtud que tenía, porque sentía que, si veía mis virtudes, estaba hablando el ego, entonces empecé a tener una relación conmigo misma. Hice un trabajo interno de más de tres años, donde pude entender que mis defectos son parte de lo que yo soy, y que nada más hay que aprender a tener tranquilidad, así como "Hulk", ¡No le busques! Si yo sé cuál es mi detonante, ¿para qué lo activo?

Cuando las personas invertimos en nosotros, vemos resultados. La educación es intangible, es más fácil comprarte un carro, porque el carro lo estás viendo, y al menos sabes que cada mes que te llega el cobro, ahí está el carro. Pero cuando yo le invertí a lo intangible, me fue llevando a descubrir la persona en la que me convertí el día de hoy.

Considero que esa persona se fue llenando de herramientas para cada vez ser una mejor mamá, jefa, compañera, amiga, para ser una mejor hija.

Creo que empezó a haber un nivel de entendimiento tan claro, y para mí no hay nada más gratificante que poderme comunicar con una persona y decirle: "está bien, esto te pedí, esto no se realizó, este es el hecho". Pero antes yo no hablaba así, yo antes atacaba a la persona y lo echaba, entonces gracias a tener mentores, aprendí a comunicarme, y decir: " Nora fuera del negocio es a toda madre, aquí en el negocio hay un sistema y una responsabilidad con la cual tenemos que cumplir cada día y en cada momento".

Siempre les digo a mis colaboradores: "Les exijo porque me exijo, ustedes no me ven vendiendo fruta de mala calidad para sacar dinero", porque eso habla de la integridad de la persona. Son valores que tengo muy establecidos dentro de la empresa, aprendí a conocer cuáles eran mis valores y cuáles no eran negociables, pude ponerle una estructura a mi negocio con base en quien es Nora. La estructura va para el negocio, pero el negocio salió de Nora.

Tenemos una estructura donde sabemos cuáles son nuestros valores, sabemos que yo no te voy a robar un dólar de su sueldo o de su comisión, como espero que tú no me robes a mí ni un dólar, ya sea en efectivo o perdiendo tu tiempo, cuando es tu hora de trabajar. Para mí el valor de la honestidad te vea o no te vea, es super importante.

Pude llegar a todo esto, definitivamente invirtiendo y trabajando en mí como persona, la clave ha sido haber tomado muchos cursos, pero, sobre todo, **tomar acción**.

Tonny Hass, mi mentor en la certificación de Coach

Te menciono algunas de las certificaciones que he tomado: Certificación en Coach de PNL, Certificación en los 21 hábitos de la felicidad, Certificación en Coach de Hábitos, Certificada en Neuroventas por Jürgen Klaric, caminé sobre el fuego con Tony Robbins, Charlas VIP con Diego Dreyfus, Mentoría de CEO con Carlos Muñoz.

Actualmente cuento con el apoyo de mi Coach de Negocios Claudia Allison y mi mentora Coral Mujaes.

Dejé de escuchar lo que opinaban de mí y cuando tengo dudas sobre alguna acción que estoy realizando, tengo maestros, tengo mentores para consultarles y que me hagan entender cómo puedo tener otra visión de las cosas, cómo puedo actuar diferente a pesar de tener la misma circunstancia frente a mí. A veces sólo vemos el punto negro, pero teniendo buenos mentores, puedes ver el punto negro, el azul y el verde que está más allá.

Certificación con Jürgen Klaric, en Zona 5 (hazte amigo de tus miedos).

**TONY ROBBINS**

**FIREWALKER**

#TonyRobbinsUPW

Caminando sobre el fuego
con Tonny Robbins

En un momento de mi vida me detuve a pensar: "Ya me gasté lo que llevo de vida viviendo de cierta manera, o me gasto los veinte o treinta que me quedan de la misma manera, como arrastre los cuarenta o está en mí darle un giro a mi vida, y se lo doy, aunque la gente ya no me reconozca en el proceso".

Como hispanos nos encanta tener negocio, pero no nos gusta invertir en nuestra persona, entonces ¿Cómo vamos a evolucionar? Quieres generar un millón, pero no eres capaz de meterle inversión a tu cabeza para poder buscar el siguiente nivel. Nosotros decimos "eres como el azadón", quieres todo para ti y así no funciona, ni aquí ni en ningún lado.

Certificación con César Lozano en El Arte de Hablar en Publico.

Mentoría para CEO con Carlos Muñoz

Es importante recalcar que a pesar de que estaba iniciando en el garaje de mi casa, creo que la visión siempre fue grande sin saber que lo era. Aunque estaba en un momento de sobrevivencia y a mí lo que me interesaba era pagar lo que aquí llamamos: "los benditos billes", y producir el dinero de los gastos.

Después de haber tenido en mi vida laboral grandes proyectos y haber generado muchos ingresos, salir a vender jugos no era como:

"¡Wow! ¡Qué emoción!". Creo que había mucha frustración, no solamente por el lado económico, sino por el cómo estaba generando ese ingreso en ese momento.

Hablé con mi hermano el menor, con el que siempre he tenido mucha empatía en todos los sentidos de la vida y recuerdo que le dije: "me siento muy frustrada de pensar todo lo que pude haber hecho (porque obviamente el ego estaba hablando en ese momento) y cómo ahorita estoy repartiendo jugos".

Recuerdo que él me dijo: "Chécate este video", y me mando a Tony Robbins, y yo pensando: «No me vengas con tus mamadas, no ocupo eso ahorita» Y me dijo: "Güey, está claro, vender jugos, cualquiera va a vender jugos, pero ser empresaria, solo tú"

Y para terminar de dar mi dosis en ese momento, no motivacional, sino que creo que, de encaminarme hacia un sueño, me manda por correo electrónico el primer menú de "Natural Break", y yo ni siquiera sabía que se llamaba Natural Break.

Nuestro inglés era tan malo, el de mi hermano y el mío, que al principio al negocio le pusimos "Break Natural" porque se tradujo al revés, pero aquí lo interesante es que eso me hizo sentir como: "Ah, claro, es diferente", y me mandó un menú pequeño, porque los primeros nombres de los jugos él se los puso. Los sacó de su creatividad, porque es un ser muy creativo.

Puso los primeros nombres, pero creo que más allá de todo esto, lo hizo por darme un empujón y decirme: "lo puedes hacer diferente".

Pasado un tiempo, cuando yo salía a vender los jugos, mucha gente me decía: "¿los haces en tu casa?" y yo les decía: "No, claro que no, me rentan parte de un restaurante, ahí en la Ventura Boulevard". Los hispanos a veces somos tan leales a nuestra comunidad, que no nos brincamos al lado americano, sentimos que no somos merecedores, a veces nos podemos sentir cohibidos por el idioma, otras veces es simplemente esa lealtad está puesta ahí, de que vamos solamente a lugares latinos, entonces cuando yo les decía que renté en el área de Ventura Boulevard, que es un área americana, sabía que había un bloqueo para que ellos no me dijeran: "Déjame ir a conocer". Entonces yo les decía: "Pero si quieres, yo te lo traigo", y ellos me decían: "Sí, claro, tráemelo mejor".

Por mucho tiempo sostuve esa mentira, pero creo que fue una mentira que me fue posicionando hacia donde quería llegar, porque no permitía que se me viera como un negocio pequeño, a pesar de que lo era, aquí es cuando aplica el dicho que dice "créetela hasta que funcione", pero yo digo: "Créetela hasta que funcione, pero sigue accionando".

Desde aquel momento yo visualizaba una tienda, yo tenía las vendedoras, y las seguía manejando desde el garaje, y una amiga dijo que los regalos vienen envueltos en caca, y ¡es cierto!

Recuerdo que en ese momento llegué a ponerme en una posición muy cómoda de que los jugos salieran de mi garaje. Ya ganaba más dinero, yo personalmente ya no hacía ruta, y dicen que el peor enemigo del éxito es el mismo éxito, y a veces el éxito es simplemente que te subas a un ladrillo, porque ya es éxito, porque ya estás en otra posición. Yo estaba muy cómoda desde el garaje de mi casa, cuando me llegó salubridad y ahí sí brinqué.

Esa historia la voy a poner como una anécdota muy chistosa, porque definitivamente Dios siempre ha estado conmigo. Salubridad nunca vio nada, porque esa semana hubo semana de lluvia y cuando llovía, yo paraba la producción, para que las vendedoras no se arriesgaran a algún accidente.

Eso me hizo moverme, nunca supe quien llamó a salubridad y puso la queja de que de mi casa salían alimentos, pero infinitamente lo agradezco, porque eso me llevó a buscar un local, que es el local donde estamos hoy en día, en Sherman Oaks.

Yo iba hacia un área y vi que se rentaba un local, e inmediatamente llamamos y nos lo rentaron. Si nunca me hubiera movido salubridad, creo que no me hubiera movido tan rápido a buscar un local y el local estaba ahí.

Aquí miré que nosotros, como seres humanos, nos vamos moviendo por necesidad. En su momento para mí la necesidad era generar dinero, después de generar dinero y tener las vendedoras generando, y llegó un punto que me puse cómoda, me tuvo que llegar salubridad para sacudirme y buscar el local.

Cuando ya encontré el local, solamente pensaba ¿Cómo corro ahora una tienda? Y creo que me metí al cien por ciento para saber cómo funcionaba una tienda, porque yo lo que sabía era hacer jugos por mayoreo. Yo no sabía hacer recetas individuales, aprendí a hacer mis recetas en volumen. Comencé con una persona que vino de Oregon, esta persona estuvo conmigo los primeros meses.

Puse un anuncio en una de esas páginas de Facebook, diciendo que ocupaba una persona y llegó a mi vida María Robles "Pity", y desde que hablé con ella por teléfono, conectamos.

Me gusto su magia. Cuando yo la entrevisté y le pregunté:

—¿A qué te dedicas?

—Soy chef, de hecho, estudié en París

—Ah, ¡cabrón! ¿Y qué haces acá?"

—Lo de todo mundo, buscando oportunidades.

Entonces hice clic con ella, y aquí es cuando yo digo, siempre reúnete de gente más talentosa que tú.

Pity se hizo parte del equipo de Natural Break, fue una parte super importante, porque ella fue creciendo conmigo, íbamos aprendiendo de error tras error y fue divertido, porque lo convertimos en aprendizaje. Pasó de ser una colaboradora, a ser una persona a quien amo profundamente, porque creo que es una de las personas que logró ver en mí, la luz y la sombra, y supo amar las dos cosas.

Hicimos muy buen equipo de trabajo, en aquel momento nada más éramos dos, después ya vimos la necesidad de buscar una tercera persona para la tienda, posteriormente vino la necesidad de una cuarta persona, después vimos la necesidad de meter una persona más en producción, ya éramos cinco.

El equipo inicial de Natural Break. Pity, Sofi y Yareli siguen siendo parte de él.

En aquel momento eran tres vendedoras y de ahí cambiamos el concepto de vendedoras, por distribuidoras, porque sentimos que cuando se es una vendedora, cualquiera vende, pero ya cuando tú distribuyes, ya no te sientes vendedor, entonces empezamos a darle un posicionamiento interno a nuestra marca y cambiamos el concepto de vendedoras a distribuidoras y ahí el equipo empezó a crecer.

Entre todos éramos como doce personas, entre las que distribuían, las personas que están en producción y las personas de tienda, cuando el líder crece, obviamente el equipo también va a crecer.

Los años 2019 al 2021 fueron para mí importantísimos, porque cada vez fui comprendiendo más la importancia de invertir en lo intangible para que se hiciera tangible. Cuando entendí perfectamente ese juego, yo seguí invirtiendo en mí. Una vez una persona bromeó sobre ese tema, pero creo que el sentido de esa broma era muy en serio, dijo: "¿Cuánto crees que valga el cerebro de Nora?" y no es por todo lo que estudio, sino por todo lo que voy descubriendo, porque una cosa es estudiar y otra cosa es descubrir y convertirlo en acciones.

De ahí reestructuramos la empresa, porque Natural Break fue teniendo reestructuraciones, y en esas ya pusimos el nombre correcto, ya no era Break Natural, ya era Natural Break. Agradecí a mi hermano profundamente lo que en aquel momento hizo conmigo.

Algo muy importante que entendí, fue la manera en que me veía frente a mi cliente. Antes agradecía que me compraran un jugo (y siempre lo voy a seguir agradeciendo hasta el día de hoy), pero cuando te pones en la posición de pensar que te están haciendo un favor, quedas en desventaja. En cambio, pensar: "Te estoy brindando salud, no me lo tienes que comprar a fuerza, pero ¡vamos! La que te está trayendo la salud, soy yo, porque tú no comes vegetales en todo el día". Que no se vaya a malinterpretar, porque el agradecimiento es y siempre será una base muy importante, pero con esta evolución que tuve, empezaba a ver un cambio en mí y ya miraba las cosas de diferente manera, ahora no solo agradecía, decía gracias, muchas gracias, pero también tenía claro que estaba haciendo un aporte positivo a la vida de mis clientes y eso hacía que tuviera más confianza frente a ellos.

Cambiamos ese concepto de distribuidoras, lo llevamos a ser *"embajadoras de la salud"*, porque entendimos que nosotros estamos haciendo un bien a la comunidad y al hacer un bien a la comunidad, todo fluye mejor, porque no estoy pensando en Natural Break, estoy pensando en cómo podemos ser de beneficio para las demás personas y generar una relación de ganar-ganar.

Cada año, Natural Break hace un evento abierto al público, llamado: "Vive Natural", para ofrecer información sobre salud y nutrición. Educación es poder, y nuestra compañía está comprometida con la comunidad hispana para aportar salud. En la imagen se ve nuestro primer evento, en el año 2020, en el 2021 no fue posible por pandemia, pero volvimos a tenerlo en el 2022.

Hoy, el equipo está compuesto por veinte personas, porque ya tenemos un equipo de marketing, un equipo de diseño, equipo de venta; el equipo creció y sé que esto nada más, es una parte de lo que nos espera en los siguientes años.

Vive Natural 2022

En el 2020 yo entrené con una persona que se llama Coral Mujaes, y en mi vida jamás imaginé que iba a pagar un entrenamiento de más de mil dólares mensuales, y lo hice.

Fue como me di cuenta de que facturé mi primer millón, porque cuando tú vas escalando a líderes que te van llevando hacia lo que quieres, ese camino se ve cada vez más cerca.

El éxito es diferente para cada tipo de persona, ahora estamos hablando del éxito en una empresa, la subida es tan difícil y cuesta tanto trabajo, que ahí es cuando muchas personas caen, pero cuando ya llegamos a esa montaña, (ahora siento que llegué a una montaña) y que ya las otras montañas no van a tener la inclinación como la tuvo esta, y que va a ser más fácil escalarlas, porque te vas agarrando como empresario de experiencia, de conocimiento, aprendes qué sí y qué no hacer.

Cuando platicaba en cómo vamos a vender las franquicias, me explicaron esto: "Cuando yo te venda la franquicia, más allá de venderte el nombre de Natural Break, te estoy vendiendo toda la experiencia de todos mis errores, que tú no vas a tener que cometer", y dije: "¡es cierto!" Es lo que te estoy vendiendo, jugos cualquiera te puede decir cómo hacerlos, pero la experiencia que yo te estoy brindando es inmensa. Aprendes que hacer y qué evitar, he aprendido mucho que lo barato sale caro y eso es para todo, normalmente a veces por ahorrarte unos pesos terminas pagando más. Te cuento, compramos unas licuadoras chinas supuesta-mente maravillosas, y nos duraron una semana. A eso es lo que me refiero, hay mucho aprendizaje, pero más allá de todo esto, se fue escalonando, se fue llegando y Natural Break está ahora comenzando apenas a escribir su nombre.

El año pasado nos hicimos conscientes de nuestro proceso. Y digo, nos hicimos conscientes, siempre hablando en plural, porque veo un equipo enorme que aún está en formación; son veinte, pero me proyecto mudándonos a un edificio coorporativo, con un equipo enorme, porque *"si tu mente lo puede soñar, lo puedes ejecutar"*.

Nuestra formación ha sido paulatina. Así, paso a paso se fue ejecutando, nada llegó de la noche a la mañana, todo fue como un proceso, pero siempre la visión estuvo en ser diferentes, siempre se marcó un diferenciador, etiquetábamos el jugo (y digo etiquetábamos, aunque en aquel momento yo estaba sola) para que el jugo llevara su nombre y los ingredientes, entonces la gente cuando tomaba el jugo les parecía chévere. Yo creo les causaba ternurita que una señora llegara con sus juguitos etiquetados, entendían que era un sueño mío llegar a algún lugar, y recuerdo que tenía un menú, y todavía tuve la audacia de que, sin hablar inglés, puse una línea en inglés para tomar los pedidos.

Los vasos etiquetados para hacer la diferencia.

Creo que siempre hubo esa visión de "**quiero más**" y "**voy por más**", pero todo está en ti, lo que te pongas en la mente, es lo que va a llegar. ¿Llega rápido? No, toca comer camote mucho tiempo, ya ahora cuando me invitan a un programa de televisión o que me entrevistan en la radio, la gente lo ve como algo increíble, pero yo les digo: "Si supieran todo el trabajo que hubo detrás". Volteo a ver mi trabajo tiempo atrás, sobre todo, para que no se me olvide de dónde vengo y no perder el piso, porque cuando tú volteas a ver todo el trabajo que has hecho, dices: "No la cago ahora comprándome un carro, no es el momento, no la cago haciendo eso ahora, no es necesario, ahora el negocio necesita seguir creciendo".

Mi enfoque puede ser muy claro porque, número uno: Siento desde mi corazón que somos un negocio donde le aportamos a la comunidad hispana, llevando sus jugos diariamente. Hoy impactamos la vida de 1,200 personas aproximadamente cada día.

Tal vez este sea un sueño muy loco, pero quiero llegar al punto que podamos tocar 5,000 personas diarias, ¿muy loco?, porque sería triplicar el trabajo que tenemos ahora. Solo aquí en los Ángeles vivimos dos millones de latinos, no estoy tocando ni el uno por ciento y qué interesante va a ser llevar salud a tantas personas.

No estamos llevando un jugo, estamos llevando salud, porque también traemos un plan muy ambicioso de capacitar al mercado hispano, porque sabemos que necesita más información sobre cómo cuidar su cuerpo, de cómo cuidar su salud, para no terminar en los hospitales.

El programa de las embajadoras (Así me lo dictó mi corazón cuando se creó), va más allá del dinero que ganamos, siempre pensé que sería una herramienta para ayudar a mamás solteras, ¡y lo que es la vida! Hoy en día, todas nuestras embajadoras son chicas solteras, no son mamás, pero creo que la visión va más allá, porque estamos tocando diferentes tipos de personas.

Siempre lo visualicé así, porque pensaba: "Si una mujer como yo, que tenía que pararse a la una de la mañana a hacer el jugo, cargarlo, salir a venderlo, llevar a la niña a la escuela y regresar, lo pudo hacer, imagínate que ahora nada más te entrego los jugos y sales a venderlos. ¡Es mucho más sencillo!

Ese programa se hizo pensando en cómo podía apoyar para que las que fueran mamás solteras, como lo era yo en aquel momento, pudieran salir adelante con su familia.

Yareli Orozco, nuestra primer vendedora! Después distribuidora y hoy, encargada de Natural Break

Si yo pude llevar a mi hija a que terminara la universidad, todo es posible. Quiero que las mujeres tengan una calidad de vida en este país, nosotros no venimos a vivir diez en una casa, merecemos tener una calidad de vida y creo que cuando alguien marca que es posible, el camino se empieza a hacer claro.

En ese aspecto me considero pionera, porque estoy marcando el camino para llevar salud a nuestra clientela hispana y para que, como mujer, si eres mujer soltera o tienes ambiciones, podemos llegar muy lejos y alcanzar los sueños que queremos. ¿Hay trabajo? Sí, pero hasta para vivir miserable, cuesta trabajo, siempre va a haber trabajo.

Cuando pudimos facturar el primer millón, no fue casualidad, claro, fue mucho trabajo de por medio, pero empezamos a cambiar nuestras estrategias, si no hubiera un equipo o una guía, no podríamos haber hecho todo esto.

Empezamos a invertir en las personas, cada vez invertimos más en ellos, porque queremos que sientan que son parte de algo, no todos se unen al barco con la misma pasión o con el mismo gusto, pero no lo hago para ver cuál sí o cuál no, lo hago desde lo que siento, que es un aporte a la comunidad, que es un aporte para tu estilo de vida. Mis mentores son los mismos mentores de mi equipo, se les mentorea una vez por semana. Es diferente cuando yo les quiero dar la información de lo que he aprendido, a que vengan otras personas que ellos saben que son mis mentores y se los compartan, eso es una inversión que yo hago en el equipo.

A nuestros colaboradores les damos capacitaciones semanales de ventas, crecimiento personal, de proyección a futuro, para que crezcan de manera integral y muchos más quieran trabajar con nuestra compañía, y hagan fila para lograrlo. Queremos que Natural Break sea como Disneylandia, un pequeño mundo feliz, donde las personas se sientan contentas de hacer su trabajo y transmitan esa buena energía a nuestros clientes y al resto de colaboradores.

No me imagino cómo puede quedar un jugo, si los de la cocina se encuentran enojados y transmiten toda esa energía en los alimentos que preparan. Esa no es una opción para nosotros.

Entendemos que la inversión en formación personal es la mejor que podemos hacer en un ser humano. No siempre todo resulta como quisiéramos, pero lo hacemos por cada uno de los que sí lo valora. En algún momento le dije a una de mis mentoras: "A mí me hubiera encantado que alguien me guiara cuando era muy joven al llegar a los Estados Unidos, así como yo las guio ahora" Le dio risa y me dijo: "No, porque si alguien te hubiese guiado, a lo mejor no serías la mujer que eres ahora". Entonces me quedó clarísimo.

Ahora me doy cuenta, regresando a la época cuando vivía en México, cuando el Licenciado Héctor me dijo "tú eres un Diamante en bruto", él no supo lo que sembró en mí y yo no lo entendía en ese momento. Claro que era un diamante en bruto, y ahora te puedo decir que ese diamante está listo.

Entender que la mejor inversión para poder crecer, desarrollarnos y ser mejores personas es invertir en nosotros mismos. No importa si inviertes en cursos, en libros o en cualquier otra herramienta de aprendizaje, ¡pero invierte! Para ser tu mejor versión, debes invertir en ti. Puede que se escuche muy trillado, pero es muy efectivo. Si invitas a una persona a una fiesta un fin de semana, todo mundo puede ir, pero invítalos a una capacitación y la gente no está dispuesta a invertir doscientos o trescientos dólares para ellos mismos, que es la inversión más importante que tú podrías hacer.

# Capítulo 7
## ¡¡¡Cómo hacer tu primer millón!!!

Lo que te doy no es una receta, pero si la experiencia de esta servidora, y si te sirve y confías en ella, síguela. Te aseguro que cuando le tiras a la luna y no le das, ¡mínimo le das a las estrellas!

1. Asegúrate de estar alineado(a) al sistema del país donde residas. En mi caso es Estados Unidos, y a pesar de no haber nacido aquí, realicé todo lo legalmente establecido para estar dentro del sistema. ¿Qué fue eso? Pues muy simple, saqué mi ITIN (Número de identificación para pago de impuestos) para declarar mis impuestos y todos los permisos necesarios para poder ejecutar desde un plano legal y que le diera a mi negocio una energía de empresa.

2. Todos queremos ser ricos y exitosos, pero te has preguntado ¿cuánto estás aportando a la vida de los demás con tu emprendimiento?, o solo se trata de dinero. Esta pregunta te la

dejo para que analices: ¿Tu emprendimiento está enfocado solo en hacer dinero o en servir a los demás con tu producto o servicio?

3. Debes tener muy claro cuáles son los "NO negociables" para Ti y Tu negocio. Ejemplo: Los domingos son de mi familia, y sí o sí, los debo respetar. También puedes decir: sí o sí, cada 6 meses invierto en un intangible, como un curso, ya que este me dará en un futuro todo lo tangible. Son solo ejemplos. Tú decides tus "NO negociables".

4. Acción Masiva. Cuando sabes hacia dónde quieres que vaya la flecha (tu meta), no lo haces delicadamente. Sí o sí, vas con todo y le pones toda la acción, fuerza, intención y energía para que agarre vuelo, para que cumpla el objetivo.

5. Debes tener mínimo 1 mentor (coach) que te acompañe a donde quieres llegar. Obviamente, esa persona ya consiguió lo que tú quieres. Estamos viviendo momentos donde hay más coaches que a quien guiar, y es importante NO dejarte engañar. Esa persona debe tener lo que tú sueñas: casa, empresa, forma de vida que tú deseas, de lo contrario es un tuerto guiando a un ciego, en el mejor de los casos. Recuerda ocupamos rodearnos con

gente más experimentada y con éxito tangible que lo que nosotros hemos conseguido.

Y al principio NO verás los resultados, pero esto es como el bambú; siete años en crecer, pero una vez que crecen sus raíces, en siete meses se ve alto y fuerte.

6. Este punto quizás es el más importante de todos. **Trabaja tus heridas**. Y si, como yo, nunca antes habías escuchado hablar de ellas, te las voy a mencionar, ya que es clave el sanarlas. Por muy mentales que seamos, estas heridas hacen que tengamos comportamientos que NO nos dejan avanzar como queremos.

Todas las tenemos, pues estas heridas las traemos desde el vientre materno.

Primero: **Herida de rechazo.**

Segundo: **Herida de abandono.**

Tercero: **Herida de humillación.**

Cuarto: **Herida de injusticia.**

Quinto: **Herida de traición.**

Cuando las conocí, entendí por qué tenía ciertos patrones que siempre se repetían en mi vida. La herida de humillación era una de mis heridas primarias y por eso después estaba involucrada en situaciones donde humillaba, o peor, me humillaban.

Otra de mis heridas era la de traición, y sí, obviamente atraía a gente que, tanto en lo personal, pero más en cuestiones de negocio, me traicionaban. Eso hacía que yo perdiera enfoque y me sintiera muy desilusionada de mi vida y negocio.

Al comenzar mi negocio físicamente (en la tienda) tuve una experiencia que definitivamente me llevó a trabajar esa herida de traición. Esta persona que llegó a mi vida y negocio me traicionó tanto, que no tuve más que trabajar para no seguir atrayendo a ese tipo de personas (obviamente yo dejé que eso sucediera).

No te dijo que jamás va a volver a ocurrir, pero cuando trasciendes estas heridas, ya no atraes a ese tipo de personas. Cuando empiezas a ver estas heridas de cómo NO solo influyen en tu vida personal, sino también en tu negocio, vas a querer transcenderlas lo más pronto posible.

Así que te repito, si nunca lo habías escuchado, que te sirva de consuelo, que yo lo supe hasta mis cuarenta y tantos años. Y realmente trabajarlas me llevó a que mi empresa despegara, pues los conocimientos ya los tenía, ya que me había preparado tanto, que al transcenderlas fue como el despegue del avión, ya nada me paró y ahora también lo puedo identificar en las personas que colaboran conmigo, y es más sencillo comunicarme con ellos.

Al transcenderlas, TODAS las áreas de tu vida empiezan a funcionar como engranes perfectos, como los del reloj. No quiero entrar más en este tema, solo te recomiendo el libro: *"Transforma tus heridas de la infancia"*, de Anamar Orihuela.

7. Festeja cada uno de tus logros, pero NO tanto que te hagan perder impulso para llegar a donde te diriges, pues como buenos latinos, hacemos tanta fiesta que después ya no hay combustible para el negocio. **Recuerda: El exceso en todo es malo, así como también lo sería no reconocerte cada uno de tus logros.** Esta parte aún la sigo trabajando, ya que me acostumbré tanto al no reconocimiento, que sigo trabajando en él día a día.

8. Cuando asistía a un curso o taller escuché que decían: "Cambia tus pensamientos, porque estos se convierten en palabras, y las palabras en acciones. Pero también te digo: cuida tus palabras, porque estas se convierten

en pensamientos". Yo muchas veces me pendejeaba (algo muy común en México) ¿Tú crees que diciéndote pendeja (que es tonta o no apta para algo) iba a poder crecer? ¡Jamás!

Solo a veces no me salen las cosas como pienso y en vez de pendejearme, me digo: A ver Nora, ¿Qué aprendiste? ¿Qué pudiste hacer diferente para qué funcionará? No más látigo silencioso.

Así que cuida qué te estás hablando, ya que eres con la persona que más hablas durante el día. Cuida tu diálogo interno, aplácalo. Tú tienes el poder. Tienes que estar consciente que te van a criticar. No conozco a nadie, hasta el día de hoy, que escribí esto, que sea Workaholic (adicto al trabajo), que no le digan: ¡Solo sabes trabajar! ¡No sabes divertirte! ¡Solo sabes hablar cosas de negocio! ¡Ya deja de tomar cursos y diviértete! Te van a criticar por esto, aquí es cuando sacas tu caparazón de: **me vale madre**, y sigues adelante.

También puedes estar leyendo esto y decir: "Yo he trabajado mucho y no he conseguido mi primer millón". Pero esto es como una receta de pastel, si te falta uno de los ingredientes anteriores ya no salió. Te lo aseguro yo, que muchos años traté y traté, sin saber que mis heridas eran lo que no me permitía avanzar, ya que un hecho hacía que me enganchara y ya no avanzaba o perdía enfoque, me quedaba sin fuerza.

También tienes que estar preparado para cambiar tu estatus económico. ¿Qué te quiero decir con esto? Cuando te alineas a tu crecimiento personal, de negocio y espiritual, tu vibración cambia, y vas a conocer otro tipo de personas, que al mismo tiempo te llevan a conocer otro tipo de cosas, lugares, otro tipo de conversaciones. Y créelo, esto al principio NO suena divertido, pues todo lo desconocido da miedo, y por eso a veces queremos seguir en el mismo círculo que nos da seguridad.

¡Anímate! ¡Atrévete! Recuerda: siempre eres principiante del siguiente nivel. Y también es muy normal sentirte mal por gastar en intangibles (cursos), paseos o vacaciones, tanto que tu voz interna te dice: "Pero hace falta esto en el negocio", y sí, claro que hay que invertir en lo físico, pero el negocio es como la cocina de la casa, nunca se acaba de lavar trastes.

Así que no permitas que te llegue esa cruda moral por dejar los hijos y salir a emprender, o por gastar en algo para ti, porque entre más fuerte y preparada esté tu mente, más crecerá tu negocio. Y por último, vas a pasar por muchos momentos de soledad, vas a ver a tus conocidos en fiesta cada fin de semana y a veces entre semana. Los vas a ver con cosas nuevas, carros o teléfonos inteligentes que tú aún no puedes comprar, y vas con 3 o 4 versiones atrás del iPhone, pero recuerda: Cuando tú pusiste ese sueño en tu mente y lo empiezas a llevar a cabo trazando una meta, con enfoque y determinación, No hay tiempo para fiesta.

Yo prefiero trabajar ahora para disfrutar en pocos años, que disfrutar ahora para pagar en algunos años. Así que no te preocupes, el comer camote NO es para siempre, solo es un tiempito.

De todo corazón espero que al terminar de leer este libro NO lo dudes y vayas por *TU PRIMER MILLóN*, si una persona como yo, que venía dañada emocionalmente, que era conflictiva, egocéntrica, que no escuchaba razones, que no validaba la opinión de alguien más, pudo cambiar y resetearse, para convertirse en su mejor versión, tú también puedes, no lo dudes. Y si tú también me lo permites, acompañarte a convertirte en la persona que tú quieres llegar a ser, ya sea en tu aspecto empresarial, o con transformaciones en tu cuerpo, a través de la jugoterapia, estoy dispuesta a ayudarte, porque ese camino ya lo recorrí, lo conozco bien, y dicen que cuando alguien ya ha llegado a la meta es más fácil dejar el camino trazado.

He trazado este camino con mis propias experiencias, y si confías en mí, será un placer tomarte de la mano, para que tú también lo logres.

Espero que este libro, más allá de inspirarte, te sirva de empujón para hacer lo que está en tu mente y te lances, así como yo a conseguirlo. Y si tú lo deseas, para mí será un placer acompañarte con mis talleres: "¡Deja de hacerte chiquita!" y con *"Trasforma tus heridas, trasciende tu negocio",* donde tu servidora y mi mentora, Zulem Colin (quien es una guía espiritual, que me acompañó a trascender mis heridas), te acompañamos a que tu negocio y vida personal pasen a otro nivel.

Puedes seguirme en redes para esta información. Así que recuerda: Cuando alguien ya cruzó el camino, es más fácil llegar. ¡Vamos! Que seamos muchos hispanos facturando nuestro primer millón, y así cada año hasta duplicar y triplicar y mucho más.

Merecemos una vida de primer nivel y vivir en las montañas y tener quien nos atienda. Así que, ¿por qué tú no?, y más bien eres uno que dice: ¡Sí, vamos!

Made in United States
Troutdale, OR
02/15/2024

17705701R00067